LA GUIDA DEFINITIVA PER CUCINARE ALLA GRIGLIA

50 ricette per un'affumicatura perfetta

Ignazio Cardedu

Tutti i diritti riservati.

Disclaimer

Sommario

INTRODUZIONE

se ti piace un buon barbecue ogni tanto, ti perdi se non sei con Traeger Dopotutto, i Traeger sono griglie a legna. Il legno e il propano vincono sempre. Il gusto di cuocere la tua carne su un fuoco di legna o carbone ti dà è superiore a qualsiasi altra cosa. La cottura della carne su legno conferisce un sapore eccellente.

Con qualsiasi altra griglia a pellet, dovrai monitorare costantemente il fuoco per evitare fiammate, rendendo il baby sitter un rompicoglioni.Tuttavia, Traeger ha una tecnologia integrata per garantire che i pellet vengano alimentati regolarmente. Per vedere quanto è calda la griglia misura e aggiunge o rimuove legna / pellet per controllare la temperatura Naturalmente, una griglia Traeger ha una manopola di controllo della temperatura semplice da usare

Puoi scegliere tra griglie economiche e costose grigliate di Traeger. Scegli uno tra 19.500 BTU o 36.000 BTU. Anche tutto è possibile. Le prestazioni del grill variano con l'intensità della griglia.

Non sono solo griglie. Sono anche mixer. Tutta la zona cottura è oscurata da cappe che si possono tirare verso il basso. Il calore viene forzato nell'aria calda della zona di cottura e il fumo sarà probabilmente distribuito uniformemente mentre il cibo cuoce nella pentola per questo motivo.

Inoltre, le griglie Traeger sono anche un forno a convezione. In generale, i Traeger sono abbastanza indulgenti. Solo per illustrare ... puoi usare un Traeger per cucinare una bistecca, oltre che una pizza. Ancora di più.

Utilizza anche meno energia. La configurazione iniziale richiede 300 watt. ma solo l'inizio del processo. Dopodiché, la lampadina utilizza solo 50 watt di potenza.

Cos'è il barbecue? Fumare o grigliare?

Sì e no. Sebbene l'uso più comune del termine "barbecue" descriva la griglia del cortile, alcune persone hanno una definizione diversa del termine. Il barbecue può essere diviso in due categorie: caldo e veloce e basso e lento.

Grigliare generalmente utilizza un calore diretto che varia tra 300-500 gradi. Fa un ottimo lavoro su bistecche, pollo, costolette e pesce. Mentre il cibo cuocerà, devi guardarlo attentamente per evitare che si bruci. Non assumerà un sapore meno affumicato. Principalmente, questo è un modo semplice e divertente per cucinare; hai tutto il tempo per uscire con i tuoi amici e la tua famiglia durante la grigliata.

È basso e lento. Il calore e le temperature indirette in un fumatore sono tipicamente compresi tra 200-275. Se sei mai stato a Kansas City, Memphis o in Texas, sai di cosa sto parlando. Un pezzo di carne affumicato lentamente e poco affumicato può impiegare da 2 a 15 ore per sviluppare appieno il suo sapore naturale. Quando guardi dentro una carne affumicata lentamente, "anello di fumo" rosa significa che la carne è stata nell'affumicatore per molto tempo

Come usare il legno nei fumatori di barbecue

L'essenza del buon affumicare il barbecue è il legno. È ciò che dà al piatto il suo sapore. Un tempo il legno era l'unico combustibile disponibile, ma controllare la temperatura e la quantità di fumo che raggiunge la carne è difficile. La maggior parte delle persone oggigiorno usa carbone di legna, gas, pellet o fumatori elettrici. Il legno viene aggiunto in pezzi, pellet o segatura, e fuma e produce una buona quantità di fumo.

L'errore più comune per i principianti è l'affumicatura eccessiva della carne. I principianti dovrebbero iniziare con una piccola quantità di legno e risalire. È un'idea sbagliata comune che dovresti immergere il legno prima di installarlo, ma non fa molta differenza. Il legno non assorbe bene l'acqua ed evapora rapidamente. Quando metti la legna inzuppata sui carboni di carbone, si raffredda e vuoi mantenere la temperatura costante quando affumichi la carne.

A seconda del tipo di legno che usi, il sapore che ottieni varia. Il miglior tipo di legno è il legno secco, non verde. È importante evitare legni contenenti linfa come pini, cedri, abeti, ciprioti, abeti rossi o sequoie quando si sceglie il legno. La linfa conferisce un sapore sgradevole alla carne. Inoltre, gli scarti di legname non dovrebbero mai essere utilizzati perché di solito sono trattati con prodotti chimici. Non è una buona idea fumare un barbecue. Hickory, mela, ontano e mesquite sono alcuni dei legni più popolari. Hickory e mesquite conferiscono alla carne un sapore potente, quindi è meglio per carni molto speziate come le costolette. Il legno di mela e ontano produce un fumo più dolce e leggero, ideale per carni non eccessivamente speziate, come pesce e pollo.

Puoi lanciare le patatine direttamente con il carbone in un affumicatore barbecue a carbone. I pezzi di legno funzionano meglio sui barbecue a gas. Se hai problemi a far affumicare i pezzi di legno, prova ad avvolgerli nella carta stagnola e a tagliare delle fessure nella parte superiore. Metti i pezzi di legno in un sacchetto di alluminio sopra i carboni ardenti. Tra pochi minuti la legna dovrebbe iniziare a fumare. È fondamentale incorporare la legna nel processo di affumicatura del barbecue il prima possibile. Il fumo viene assorbito più facilmente dalla carne fredda.

Dovresti sempre pesare la quantità di legno che hai messo. Ciò ti consente di regolare la quantità ogni volta per ottenere l'effetto desiderato. A seconda dello spessore della carne, la quantità varierà. Per le costolette, 8 once per petto e maiale stirato e 2 once per pollo, tacchino e pesce, usa circa 4 once di legno.

Se la legna inizia a bruciare o c'è un lungo fumo di barbecue, potrebbe essere necessario essere creativi. Per isolare ulteriormente il legno, mettilo in una padella di ferro sopra le braci. Per fumare più a lungo al barbecue, puoi anche creare una cosiddetta bomba fumogena. Riempi una teglia con abbastanza acqua per coprire i trucioli di legno e l'altra con abbastanza acqua per coprire i trucioli di legno. Quello che non è bagnato inizierà subito a fumare. Quando l'acqua del secondo evapora, si accenderà e brucerà. Non dovrai continuare ad aprire la porta per aggiungere altra legna in questo modo.

CAPITOLO PRIMO
Manzo

1. Bistecca Porterhouse a base di fumo di whisky

ingredienti

- bistecca di porterhouse
- sale
- whisky pepe

Preparazione

1.   Togliere la bistecca dal frigorifero per ca. 1 ora prima di grigliare in modo che possa raggiungere   la   temperatura ambiente. La scorza grassa viene graffiata con

un coltello affilato. 30 minuti prima della grigliatura, la bistecca viene abbondantemente salata su entrambi i lati.

Grigliare

1.   La griglia è impostata a una temperatura di 120 ° C. Nella prima fase, la bistecca viene grigliata indirettamente a una temperatura interna di 50 ° C. Viene affumicata discretamente con pezzi di whisky.

2.   Il secondo passo è dare una crosta alla bistecca. Per fare ciò, il grill viene riscaldato ad una temperatura elevata (> 250 ° C). La bistecca viene grigliata direttamente su entrambi i lati per circa 3 minuti. La bistecca può ovviamente essere anche grigliata sulla zona dello sfrigolio, su un piatto fuso o in padella.

3.   La bistecca dovrebbe ora avere una temperatura interna di ca. 54 ° C (mediamente cotta). Se vuoi farlo di più, lascia la bistecca sulla griglia più a lungo nella prima fase. La bistecca di porterhouse viene liberata dall'osso

e tagliata a fette, condita con un po 'di sale e il whisky pepper - fatto!

2. Cevapcici in piadina

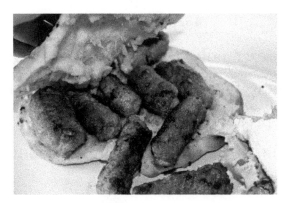

ingredienti

- 1 kg di carne macinata (misto manzo / agnello o manzo / maiale)
- 1 cipolla grande
- 3 spicchi d'aglio a
- poco prezzemolo fresco
- 1 cucchiaio di olio d'oliva
- 1 cucchiaio di sale
- 3 cucchiaini di paprika in polvere
- 3 cucchiaini di pepe, macinato finemente
- Focaccia
- insalata
- ajvar
- peperoncino

Preparazione

1.   La cipolla viene grattugiata finemente (non tritata), gli spicchi d'aglio vengono pressati, il prezzemolo tritato finemente. La carne macinata viene mescolata bene con cipolla, aglio, prezzemolo e gli altri ingredienti in modo che le spezie siano distribuite uniformemente.

2.   Ora si formano dei cevapcici spessi un pollice, lunghi circa 7 cm. Qui è adatto l'uso del Cevapomaker, con il quale si possono formare sette Cevapcici in una sola portata.

Grigliare

1.   La griglia è pronta per grigliare diretta a fuoco medio. I cevapcici vengono posti sulla griglia calda, girati dopo 3 - 4 minuti e grigliati sull'altro lato. Quindi si tolgono i cevapcici dalla griglia e si preparano le focacce. La piadina è condita con insalata e 6 - 7 cevapcici sono posti sopra. Distribuire 2 - 3 cucchiai di un barattolo sopra   e adagiarvi sopra   due peperoni.

3. Steakburger deluxe

ingredienti

- 1 bistecca di porterhouse (circa 1 kg)
- Sale marino, grosso
- Panino per hamburger
- 4 cucchiai di maionese
- rosmarino fresco
- Ravanelli sottaceto

Per le cipolle balsamiche:

- 2 cipolle
- 2 cucchiai di olio
- 5 cucchiai di aceto balsamico
- 1 cucchiaio di zucchero, marrone
- 1 cucchiaino di paprika in polvere
- sale pepe

Preparazione

1.   La bistecca viene cosparsa di sale su entrambi i lati 30 minuti prima di grigliare. Mescolare una maionese al rosmarino con la maionese, il rosmarino fresco (1 cucchiaino tritato) e un pizzico di pepe.

Grigliare

2.   La griglia è predisposta per grigliare diretta e indiretta. La bistecca viene prima grigliata su entrambi i lati per 3 minuti ciascuno a fuoco alto e diretto. Non appena abbiamo dato alla carne una bella crosta, si sposta sul lato indiretto, dove la tiriamo al grado di cottura desiderato.

3.   Nel frattempo si preparano le cipolle balsamiche. Si scalda l'olio in una padella, poi si aggiungono le cipolle. Le cipolle vengono condite con pepe, sale, paprika in polvere e zucchero. Non appena le cipolle diventano traslucide, versare l'aceto balsamico nella padella e continuare a friggerle a fuoco lento

fino a quando l'aceto balsamico non sarà stato assorbito dalle cipolle.

4.   Una volta che la carne ha raggiunto la temperatura target - qui era di 55 ° C al cuore - viene tagliata a fette e delicatamente pepata e salata. La metà inferiore della ciambella è rivestita con la maionese rosmarino, la carne, le cipolle balsamiche e le fette ravanelli sono posizionati sulla parte superiore - fatto!

4. Hamburger di manzo sfilacciato

ingredienti

- Manzo Tirato
- Hamburger Buns
- Marmellata Di Prugne Pancetta
- BBQ Sauce, qui: BBQ King BBQ Sauce (a base di prugne)
- prugne

Preparazione

1. Per prima cosa spalmate 2-3 cucchiai di marmellata sulla metà inferiore del panino. Una buona porzione (circa 100-120 g) di ape sfilacciata

2. f è posizionato sopra. La guarnizione del burger è costituito da qualche salsa barbecue e 2-3 fette sottili di prugne fette.

5. Manzo tirato dall'affumicatore

ingredienti

• 2 kg di collo di manzo (almeno 2 kg - i pezzi più piccoli possono seccarsi!)

Preparazione

1.   Il collo di manzo viene condito su tutti i lati con lo sfregamento e sottovuoto per 12-24 ore oppure avvolto nella pellicola e posto in frigorifero.

Grigliare

2.   Il grill / affumicatore è impostato su una temperatura di 100 - 120 ° C ("bassa e lenta"). Il manico viene posto nella zona indiretta, collegato al termometro e poi affumicato discretamente con il coperchio chiuso. Il manzo

24

stirato   è   pronto   a una temperatura interna compresa tra 87 e 90 ° C, a seconda di quanto si sente tenero.

6. Bistecca di fianco nella marinata teriyaki

ingredienti

- 1 bistecca di fianco (circa 700 g)
- marinatura teriyaki
- 2 cucchiai di semi di sesamo a
- poco olio d'oliva
- sale pepe

Preparazione

1. Per prima cosa, gli ingredienti per la marinata vengono mescolati insieme. Quindi mettete la carne in una forma adatta e aggiungete la marinata. La bistecca viene marinata in frigorifero per circa due ore, girando dopo un'ora. Non buttare via la marinata dopo aver tolto la bistecca, ti servirà

comunque durante la cottura alla griglia. I semi di sesamo vengono tostati brevemente in una padella spennellata finemente con olio d'oliva.

Grigliare

2.   Il grill è impostato a 250-300 ° C per la cottura diretta alla griglia. La bistecca viene grigliata direttamente su entrambi i lati per 2 minuti ciascuno. Prima che la bistecca di fianco sia cotta nella zona indiretta a ca. 100-120 ° C, viene nuovamente immerso nella marinata. La carne viene tolta dalla griglia ad una temperatura interna di 56 ° C e lasciata riposare per un breve periodo prima di essere tagliata a fette trasversali. Infine, la bistecca di fianco viene cosparsa di semi di sesamo tostati, conditi con sale e pepe se necessario.

7. Bistecca Porterhouse dalla tavola del whisky

ingredienti

- 1 bistecca di porterhouse (ca.900 g)
- Mare sale, grosso

Preparazione

1.   Togliere la bistecca dal frigorifero per ca. 1 ora prima di grigliare in modo che possa raggiungere la temperatura ambiente. La scorza grassa è graffiata. 30 minuti prima della grigliatura, la bistecca viene abbondantemente salata su entrambi i lati.

Grigliare

2.   Il grill è preparato per grigliare indirettamente a ca. 110 - 120 ° C. Le assi del

whisky vengono poste sulla zona indiretta e "riscaldate" per circa 10 minuti. Non appena le assi iniziano a fumare ed emanano un profumo, posiziona la bistecca sulle assi (nota: posiziona la bistecca all'interno della tavola, poiché questo lato era a contatto con il whisky). Quando la temperatura al cuore è intorno ai 40 ° C, girare la bistecca in modo che anche l'altro lato abbia il sapore della tavola. A 52 ° C si prende la bistecca dalla tavola e la si griglia per 2 minuti su entrambi i lati ad una temperatura di> 250 ° C per una bella crosticina. La bistecca viene tagliata a fette e leggermente salata.

8. Bistecca di controfiletto con pane all'aglio

ingredienti

- 500 g di controfiletto (qui: da Scotch Beef & Scotch Lamb)
- Chimichurri (secondo la ricetta di baconzumsteak.de)
- ½ baguette
- olio d'oliva, aglio, sale e pepe
- qualche insalata fresca

Preparazione

1. Togliere la bistecca dal frigorifero circa un'ora prima di grigliarla in modo che raggiunga la temperatura ambiente. Si taglia la

copertura di grasso e si strofina la carne su entrambi i lati con sale marino grosso.

Grigliare

2.   La griglia viene preparata per una grigliata diretta a fuoco vivo e la bistecca viene grigliata con il noto metodo 90/90/90/90. A tale scopo è stata utilizzata la zona di sfrigolio della LE3 e la carne è stata poi tirata nella griglia a poco meno di 150 ° C fino a una temperatura interna di ca. 54 ° C. Nel frattempo si mescola l'olio d'oliva con poco sale, pepe e due spicchi d'aglio schiacciati e si spalma sulla baguette tagliata. Il pane viene ora grigliato brevemente sulla griglia e poi distribuito sull'insalata. Aggiungi un po 'di chimichurri. La bistecca era molto succosa e aveva un buon gusto. Sale e pepe supportano perfettamente il gusto sensazionale della carne.

9. T-Bone grigliato inverso

ingredienti

- 1 bistecca alla fiorentina (ca.1 kg, almeno 4 cm di spessore)
- sale

Preparazione

1. Togliere la bistecca dal frigorifero per ca. 1 ora prima di grigliare in modo che possa raggiungere la temperatura ambiente. La scorza grassa è graffiata. 30 minuti prima della grigliatura, la bistecca viene abbondantemente salata su entrambi i lati.

Grigliare

2. La griglia o l'affumicatore è impostato a una temperatura di 100 ° C.Nella prima fase, la

bistecca alla fiorentina viene grigliata indirettamente fino a una temperatura interna di 50 ° C.La bistecca viene affumicata discretamente con legna da affumicare di noce americano o altro legno di la tua scelta.

3. Il secondo passo è dare una crosta alla bistecca. Per fare questo, riscaldare la griglia con griglia in ghisa (per la marchiatura) ad una temperatura elevata (> 250 ° C). La bistecca viene grigliata direttamente su entrambi i lati per circa 3 minuti. La bistecca può ovviamente essere anche grigliata sulla zona dello sfrigolio, su un piatto fuso o in padella.

4. La bistecca dovrebbe ora avere una temperatura interna di ca. 54 ° C (mediamente cotta). Se vuoi farlo di più, lascia la bistecca sulla griglia più a lungo nella prima fase. La portineria viene liberata dall'osso e tagliata a fette, condita con sale e pepe - fatto!

10. Costolette di manzo dal fumo di noce americano

ingredienti

- Costolette di manzo
- Strofinare le costine di manzo
- Salsa barbecue

Preparazione

1. Per prima cosa viene rimossa la pelle argentata dalle costolette di manzo. Per fare questo, fai scorrere un coltello sotto una delle ossa e solleva la pelle argentata. Quindi può essere detratto, probabilmente più difficile che con le costine di maiale. Quindi le costine di manzo vengono strofinate con lo sfregamento su entrambi i lati. Lo sfregamento dovrebbe essere usato con parsimonia perché il gusto

della carne dovrebbe dominare naturalmente. Avvolte nella pellicola trasparente, le costine dovrebbero ora riposare in frigorifero per circa 12-24 ore.

Grigliare

2. La griglia / affumicatore è impostata su un calore indiretto di 100 - 120 ° C. Le costole vengono posizionate sulla griglia con il lato dell'osso rivolto verso il basso. Le prime quattro ore vengono affumicate con legno di noce americano. Quindi le costine vengono avvolte in un foglio di alluminio e generosamente spennellate con salsa barbecue. La temperatura viene portata a 140 ° C. Quindi vengono grigliate indirettamente per altre due ore. Le costine di manzo sono pronte dopo un totale di sei ore. Il resto della salsa viene distribuito sulla superficie.

CAPITOLO DUE
Pollame

11. Alette di pollo al formaggio

ingredienti

- Ali di pollo
- Strofina a tua scelta, qui: Ankerkraut Magic Dust
- formaggio grattugiato
- polvere di peperoncino,
- erba cipollina

Preparazione

1.   Le ali di pollo vengono condite con lo sfregamento e marinate in frigorifero per 12 - 24 ore.

2.   Grigliare

3.   Il grill / affumicatore è impostato a una temperatura di 100 - 120 ° C. Le ali vengono affumicate delicatamente per 1 ora e mezza. Dopo l'affumicatura, mettete le ali di pollo in una teglia o in una pirofila e cospargetele con un po 'di formaggio e peperoncino in polvere a piacere. Le ali vengono grigliate di nuovo fino a quando il formaggio non si è sciolto. Le ali di pollo al formaggio vengono poi servite con un po 'di erba cipollina.

12. Petto d'anatra ricoperto di pepe

ingredienti

- 2 petti d'anatra (ca.300 g ciascuno) sottaceto
- strofinare
- 1 cucchiaio di sciroppo d'acero
- ca. 10 cucchiai di pepe, schiacciato

Preparazione

1.　Per prima cosa, lavi il petto d'anatra e poi asciugalo. Qualsiasi pelle sporgente viene tagliata. Per la miscela di stagionatura, i singoli ingredienti vengono miscelati, se necessario, macinati in un mortaio. A seconda del peso del petto d'anatra, è necessario regolare la quantità di sale da stagionatura (vedi ricetta). I pezzi vengono conditi con l'impasto su entrambi i lati e poi sottovuoto. Quindi possono rimanere in frigorifero per 6-7 giorni fino a quando non sono completamente guariti. Trascorso questo tempo, il composto di salatura viene lavato via dalla carne e il petto d'anatra tamponato a secco.

2.   Per rendere migliore il peperoncino, spennellare il lato della carne (con la pelle rivolta verso il basso) con lo sciroppo d'acero. Quindi spolverare la carne con pepe tritato (non macinato!) E premerla bene.

Grigliare

1.   L'affumicatore o il grill è impostato su una temperatura di 100-110 ° C.Il petto d'anatra viene ora grigliato / affumicato indirettamente con l'aggiunta di fumo sottile fino a una temperatura interna di 75 ° C.Certo, il petto può essere tagliato e assaggiato subito dopo l'affumicatura, ma è meglio richiuderlo sottovuoto per 3 - 4 giorni in modo che possa

nuovamente aumentare il suo gusto e la sua tenerezza.

13. Pollo al girarrosto

Ingredient

- 1 pollo
- strofinaccio di pollo, facoltativo: condimento di pollo arrosto
- olio d'oliva

Preparazione

1.   Il pollo viene prima sciacquato sotto l'acqua fredda e asciugato. Il pollo viene condito 1 ora prima della griglia. Per fare questo, fai scorrere con attenzione le dita tra la carne e la pelle e allentale con cura. Quindi lo sfregamento può essere applicato direttamente sulla carne. La pelle è anche stagionata dall'esterno. Per fare questo, mescola una marinata di olio d'oliva e strofina e strofina generosamente sul pollo. Un promemoria della

marinata viene conservato per la pulizia successiva. Quindi tirate il pollo sullo spiedino e fissatelo con le mollette. Potrebbe essere necessario fissare le bacchette con il filo da cucina.

Grigliare

2.   Il grill viene regolato per la grigliatura diretta con il girarrosto a 180-200 ° C e il motore e il pollo vengono avviati. Il pollo viene grigliato fino a raggiungere una temperatura interna di 75 - 80 ° C nel petto. Poco prima di raggiungere la temperatura interna, spennellalo con il resto della marinata. Il risultato è un pollo succoso e una pelle croccante e saporita. Gli spicchi di patate sono ideali come contorno.

14. Ali di fuoco infernale

ingredienti

- 1 kg di ali di pollo
- Hellfire Rub
- 2 cucchiai di salsa al peperoncino (es. Lacrime messicane - Habanero rosso)
- 1 cucchiaio di sciroppo d'acero
- olio d'oliva

Preparazione

1.   Per prima cosa le ali di pollo vengono lavate e asciugate. Le ali vengono generosamente condite con un filo di olio d'oliva e Hellfire Rub e poi refrigerate per almeno 12 ore. Per glassare le ali, mescolare

1 cucchiaio di sciroppo d'acero e 2 cucchiai di salsa al peperoncino.

Grigliare

2.   La griglia è impostata a ca. 180-200 ° C per grigliate dirette e indirette. Le ali di pollo vengono prima grigliate su entrambi i lati per 3 minuti a fuoco diretto in modo che diventino ben dorate. Quindi si mettono le ali nella zona indiretta, si spennella con la salsa di peperoncino e miele e si chiude il coperchio. Dopo 10 minuti, girare le ali e spennellare la parte superiore con la glassa al miele e peperoncino. Vengono grigliate per altri 10 minuti. E ora prepara latte, pane o yogurt: non servono altri contorni!

15. Ali asiatiche con salsa al lime e peperoncino

ingredienti

- 10 ali di pollo
- strofinare il pollo

Per la glassa

- 50 ml di salsa di soia
- 1 cucchiaino di olio di sesamo
- 2 cucchiaini di miele
- ½ cucchiaino di 5 spezie in polvere
- ½ cucchiaino di pepe
- ¼ di cucchiaino di chipotle
- 1 cucchiaino di sesamo

Per la salsa al lime e peperoncino

- Succo di 1 lime

- 1 peperoncino rosso

- 2 spicchi d'aglio

- 1 cucchiaino di zenzero tritato

- 1 cucchiaio di zucchero di canna

- 3 cucchiai di salsa di ostriche

Preparazione

1.   Le ali di pollo vengono prima lavate e asciugate. Vengono generosamente condite con lo sfregamento e poi refrigerate per almeno 2 ore in modo che lo sfregamento possa essere assorbito. Nel frattempo mescolate gli ingredienti per la glassa. Per la salsa di lime e peperoncino, i singoli ingredienti vengono mescolati e frullati.

Grigliare

2.   La griglia è predisposta per il riscaldamento diretto e indiretto a ca. 200-230 ° C. Per prima cosa le ali di pollo vengono grigliate per 10 minuti con il coperchio chiuso. Girali due o tre volte in modo che siano dorate tutt'intorno. Quindi le ali vengono

adagiate sulla zona indiretta, ricoperte di glassa e grigliate per 15-20 minuti con il coperchio chiuso. Durante questo tempo girate di nuovo le ali di pollo una o due volte e ricopritele con la glassa. Le ali di pollo sono servite con la salsa di lime e peperoncino, che è meravigliosa da usare come salsa.

16. Beer Can Chicken

ingredienti

- 1 pollo
- Pollo Rub
- vino rosso (o altro liquido a scelta - per riempire il portapollo)

Preparazione

1.   Il pollo viene prima lavato e asciugato. Quindi viene stagionato sotto la pelle. Fai scorrere la mano sotto la pelle e rimuovila facilmente. In questo modo, lo sfregamento può essere distribuito uniformemente sotto la pelle. Infine il pollo viene leggermente condito all'esterno. Il porta

pollo è già riempito con il vino, quindi il pollo viene posizionato sul supporto.

Grigliare

2.   Il grill o l'affumicatore sono impostati su una temperatura di ca. 180 ° C. Posizionare il pollo con la lattina o il supporto sulla griglia. Il termometro della griglia è posizionato nel petto. I primi 30 minuti vengono affumicati delicatamente. Quando il petto ha raggiunto una temperatura interna di 72 ° C, il pollo è pronto. Il supporto viene rimosso. Attenzione: molto caldo! Quindi il pollo viene tagliato con delle forbici da pollame. Il risultato è un pollo super saporito e succoso.

17. Ali di pollo con gelato all'acero miele

ingredienti

- Ali di pollo
- semi di sesamo

Per la marinata:

- 4 cucchiai di olio d'oliva
- 2 cucchiai di pollo strofinare
- Honey-Maple-Glace

Preparazione

1.   Le ali di pollo vengono prima lavate e asciugate. Quindi si strofina con la marinata e si lascia in frigorifero per almeno 2 ore in modo che le spezie possano assorbire . Anche gli ingredienti per la glassa si mescolano allo stesso modo.

Grigliare

2.   La griglia è predisposta per grigliare diretta e indiretta a ca. 230-250 ° C. Le ali di pollo vengono prima grigliate a fuoco diretto per 6 minuti, rigirandole dopo 3 minuti. Ora mettete le ali sulla zona indiretta e grigliate per altri 10 minuti. Quindi ricopri completamente le ali con la glassa e griglia le ali per altri 5 minuti. Quindi le ali di pollo vengono nuovamente glassate e cosparse di semi di sesamo. Dopo altri 10 minuti le ali sono pronte.

18. Cosce di pollo alla griglia

ingredienti

- 4 cosce di pollo da 200 grammi
- Strofinare o strofinare il pollo a tua scelta
- Mop per barbecue standard o salsa barbecue a scelta

Preparazione

1.   Le cosce di pollo vengono prima lavate e asciugate. Quindi vengono strofinati con lo sfregamento. Affinché lo sfregamento possa entrare, le mazze vengono poste al freddo per 12-24 ore.

Grigliare

2.   La griglia / affumicatore viene riscaldata ad una temperatura di 130 ° C. Le cosce di pollo

vengono poste sulla griglia e il coperchio viene chiuso. Le cosce di pollo vengono affumicate discretamente con legno di noce americano. Dopo 2 ore, le cosce vengono spennellate con la salsa BBQ (da tutti i lati) e grigliate indirettamente per un'altra mezz'ora. Le cosce di pollo sono pronte dopo circa 2,5 ore!

19. Filetti di petto di pollo dalla tavola

ingredienti

- 2 filetti di petto di pollo (250 g l'uno)
- marinata di soia e zenzero

Preparazione

1.   I filetti di petto di pollo vengono prima lavati e asciugati. Successivamente, vengono posti nella marinata e posti in frigorifero per almeno 12 ore. La tavola di cedro viene messa in acqua almeno un'ora prima della cottura alla griglia.

Grigliare

2.   La griglia è predisposta per grigliare diretta e indiretta a 180 ° C. La tavola di legno ammollata viene ora posta direttamente

sulla griglia della griglia senza che il cibo venga grigliato, il coperchio è chiuso. Dopo circa 5-10 minuti la tavola dovrebbe iniziare a fumare. Quindi viene capovolto e posto sulla zona indiretta della griglia. Poi vengono i filetti di petto di pollo in salamoia. I filetti di petto di pollo vengono grigliati indirettamente sulla tavola di cedro fino a raggiungere una temperatura interna di 70 ° C.

20. Ali di pollo dal fumo di noce americano

ingredienti

- Ali di pollo
- Pollo Rub
- Mop per barbecue standard

Preparazione

1.   Le ali di pollo vengono prima lavate e asciugate. Quindi vengono condite con lo strofinaccio di pollo. Affinché lo sfregamento possa entrare, le ali vengono mantenute fredde per 12-24 ore.

Grigliare

1.   Il grill / affumicatore è impostato su una temperatura di 100 - 120 ° C; la ciotola dell'acqua è piena d'acqua. Le ali di pollo

vengono poste sulla griglia e il coperchio viene chiuso. Le ali di pollo vengono affumicate delicatamente con legno di noce americano per circa 30 minuti. Dopo la fase di affumicatura, le ali vengono spazzolate con la salsa mop su tutti i lati e grigliate indirettamente per altre 1,5 ore (senza affumicare la legna). Dopo un totale di due ore, le ali vengono nuovamente spazzolate con il mop e grigliate per 5 minuti con il coperchio chiuso.

CAPITOLO TRE
Pesce e contorno

21. Filetto Di Salmone Avvolto Nel Sale

ingredienti

- filetto di salmone con la pelle (qui: un lato da 1,2 kg)
- 2 - 3 kg di mare sale, più o meno
- ½ limone, non trattato, a fette
- rosmarino fresco
- aneto fresco
- olio d'oliva
- Pepe

- 2 albumi 5 cucchiai
- acqua

Per la salsa:

- ½ limone, spremuto
- 100 g di burro
- 2 tuorli d'uovo
- 100 ml di brodo vegetale
- 1 cucchiaio di aneto, tritato fresco
- Sale pepe

Preparazione

2.   Il filetto di salmone viene prima lavato e asciugato. Il sale viene mescolato con gli albumi e un po 'd'acqua in una ciotola capiente. La miscela di sale viene spalmata a spessore di un dito sul fondo della padella in cui successivamente cuocerai il salmone. Il filetto viene messo nel sale con la carne rivolta verso l'alto. La carne viene condita con un filo d'olio e pepe. Quindi mettere due o tre spicchi di limone, l'aneto fresco e rametti di rosmarino sopra. L'altra metà del salmone è posta nella metà inferiore, con la pelle rivolta verso

l'alto. Ovviamente è ottimale se entrambe le metà hanno più o meno la stessa forma. Ora mettete il resto del sale sul pesce in modo che sia completamente sotto il sale e premetelo bene.

3.	Per la salsa fate sciogliere prima il burro in una casseruola. Nel frattempo, mescolare il brodo vegetale con il succo di limone, il tuorlo d'uovo e l'aneto. Mescolare questo nel burro caldo e liquido mescolando. La salsa viene portata a ebollizione, mescolando continuamente, e cotta per circa un minuto. La salsa al limone e aneto dovrebbe ora essere bella e cremosa e raffinata con sale e pepe a piacere.

Grigliare

1.	Il grill / affumicatore è impostato su una temperatura di 200 ° C, è richiesto calore indiretto . Il salmone viene cotto nella forma / teglia per 40 minuti. Poi con attenzione "butti via" la crosta di sale con il manico di un coltello. Non stupitevi: la crosta di sale diventa molto soda! I granelli di sale vengono accuratamente rimossi dal filetto di salmone e poi serviti con la salsa. Le patate al cartoccio vanno molto bene con esso ...

22. Filetto di salmone con verza al mango e curry

ingredienti

- 1 kg di filetto di salmone
- 1 verza
- 200 ml di crema
- 400 ml di brodo vegetale
- 1 cipolla bianca
- 1 mango
- curry in polvere (Curry Madras)
- sale pepe
- cumino
- olio d'oliva

Preparazione

1. Il pesce viene condito con uno sfregamento a scelta e lasciato riposare per

mezz'ora. Nel frattempo scaldate il Dutch Oven o una casseruola e fate soffriggere la cipolla tritata finemente in olio d'oliva. Quindi tagliare in quarti la verza, eliminare il picciolo, tagliare la verza a listarelle sottili e farla appassire insieme alle cipolle. Quindi spegnete con brodo vegetale e lasciate cuocere a fuoco lento per 10 minuti con il coperchio chiuso. La crema viene mescolata con curry in polvere, un po 'di sale, pepe e semi di cumino e aggiunta alla verza.

Grigliare

2.	Il grill è impostato a 180 ° C per grigliare indirettamente. La tavola viene posizionata sulla zona diretta della griglia fino a quando non inizia a "incrinarsi". Quindi capovolgete la tavola, metteteci sopra il pesce condito e grigliatelo per circa 20 minuti nella zona indiretta. Se vuoi, puoi controllare la temperatura con un termometro e togliere il pesce dalla griglia a una temperatura di 60 ° C.Senza un termometro, dovresti togliere il pesce dalla griglia non appena esce la prima proteina e si sente leggermente soda. E 'quindi più vitreo, ma ancora succosa.

3.   Poco prima di servire, il mango viene tagliato a pezzetti e aggiunto alla verza. Il salmone era servito con patate lesse e verza al mango e curry in foglia di verza.

23. Wallerloin su insalata di erbe selvatiche

ingredienti

- 300 g di wallerloin
- 100 g di prosciutto (qui: Culatello Riserva)
- sale pepe
- 1 cucchiaio di olio d'oliva

Per l'insalata:

- 3 - 4 manciate di diverse insalate di erbe selvatiche / foglie
- 1 scalogno, tagliato a dadini
- 4 cucchiai di olio d'oliva
- 2 cucchiai di aceto
- un po 'di succo e scorza di 1 lime non trattato
- mostarda
- miele

• sale pepe

Preparazione

1.   Il Wallerloin viene prima spennellato sottilmente con olio d'oliva e condito delicatamente con uno sfregamento a scelta. Quindi avvolgi il pesce nel prosciutto o nella pancetta. Il pesce gatto viene aspirato e posto nel bagno sottovuoto a 60 ° C per 30 minuti. Nel frattempo si prepara l'insalata e la salsa.

Grigliare

2.   Il grill è impostato a 180-200 ° C per la cottura diretta alla griglia. Il pesce gatto viene grigliato brevemente su entrambi i lati per due minuti ciascuno. Il wallerloin viene tagliato a fette e servito sull'insalata.

24. Birra di frumento pesce al curry

ingredienti

- 4 pezzi di filetto di merluzzo (ca.400 g)

Per la pasta di spezie

- 1 cucchiaino di semi di coriandolo
- 1 cucchiaino di cumino intero (semi di cumino)
- 2 cucchiaini di semi di senape
- 2 spicchi d'aglio
- 2 jalapenos rossi o peperoncino
- 2 cm da una radice di zenzero
- 45 ml di olio di arachidi
- 1 cipolla piccola
- 1 cucchiaino di curcuma (macinata)
- cucchiaio di curry in polvere
- 125 ml di latte di cocco

- 125 ml di crema al cocco
- 250 ml di birra di frumento
- 2 cucchiaini di salsa di pesce
- 45 ml di succo di limone
- peperoni rossi piccoli
- 100 g di zucchero a velo
- piselli Arachidi tostate
- Freschezza Foglia di prezzemolo

Preparazione

1.	I semi di coriandolo, cumino e senape vengono tostati brevemente in una padella di ferro a fuoco medio. Per fare questo, è sufficiente posizionare la padella sulla zona dello sfrigolio (o sul fornello laterale). Nel frattempo tritate l'aglio, il peperoncino e lo zenzero a pezzetti. I semi tostati vengono schiacciati grossolanamente in un mortaio e poi mescolati con gli ingredienti tritati finemente per formare una pasta.

2.	L'olio di arachidi viene riscaldato, la cipolla tritata finemente e fritta nell'olio. Successivamente, aggiungi la pasta di spezie, il curry in polvere e la curcuma nella padella e friggi per 5 minuti. Le spezie vengono spente con una miscela di latte di cocco, crema di cocco e birra di frumento. Appena tutto sarà bollito, abbassare la fiamma, aggiungere la salsa di pesce, il succo di limone e le strisce di pepe e cuocere a fuoco lento per altri 10-15 minuti. Poco prima della fine unire i filetti di pesce tritati finemente e i piselli dolci. Dopo altri 5 minuti, il curry è pronto.

3.   Il curry viene servito insieme al riso basmati in piccole padelle di ghisa preriscaldate nella griglia in modo che il cibo rimanga caldo e piacevole. Per un po 'di "croccantezza", spalmate semplicemente qualche altra arachide tritata sul curry.

25. Salmone dalla tavola di cedro

ingredienti

- 1 filetto di salmone

Per la marinata

- 1 cucchiaio di senape
- 1 cucchiaio di burro (sciogliere)
- 1 cucchiaio di miele
- ogni 1 pizzico di sale, pepe

Preparazione

1.   Circa 1 ora prima di grigliare, mettere la tavola di cedro in acqua. La cosa migliore da fare è appesantirlo con un oggetto in modo che aspiri abbastanza acqua. Nel frattempo togli il

salmone dal frigorifero e lascia che raggiunga la temperatura ambiente. Ultimo ma non meno importante, mescolare gli ingredienti della marinata con cui successivamente verrà ricoperto il filetto di salmone.

Grigliare

2.   La griglia è preparata per grigliare diretta e indiretta a una temperatura di 180 ° C. Una volta raggiunta la temperatura, posizionare la tavola di cedro bagnata sul lato diretto della griglia e attendere che inizi a fumare (dopo 10-15 minuti). Quindi la tavola è pronta per il salmone. La tavola di cedro viene capovolta e spinta sulla zona indiretta. I filetti di salmone ora vengono dal lato "carbonizzato" e sono generosamente ricoperti di marinata. Quindi si chiude il coperchio ei filetti vengono grigliati per circa 20-25 minuti fino a quando la superficie è bella e marrone o il pesce ha raggiunto una temperatura interna di 58-60 gradi Celsius.

26. Pizza di patate

ingredienti

- 5 patate di media grandezza (cerose)
- 200 g di pomodori freschi
- 1 cipolla
- 1 spicchio d'aglio
- olio d'oliva
- Olive (verdi / nere)
- 200 g di formaggio grattugiato (Gouda o Emmental)
- 1 cucchiaio di origano, grattugiato
- 1 cucchiaio di basilico, strofinato
- Pepe
- sale
- Basilico, fresco

Preparazione

1.   Le patate vengono lavate e poi cotte fino a cottura (circa 25-30 minuti). Nel frattempo lavate i pomodori e tagliateli a dadini, insieme alle cipolle e all'aglio. Si scalda l'olio in una padella, in cui si cuociono a vapore i pomodori, la cipolla e l'aglio a cubetti e si fa bollire un po 'il composto. Le patate vengono dimezzate nel senso della lunghezza e svuotate con un cucchiaino (circa 0,5 cm di profondità). L'interno delle patate viene schiacciato con una forchetta e mescolato al composto di pomodoro. Aggiungere le olive tagliate a metà, metà del formaggio, le erbe essiccate e sale / pepe al composto di pomodoro e mescolare bene il tutto. Il composto viene versato nelle patate e l'altra metà del formaggio viene cosparsa sopra.

Grigliare

2.   La griglia è preparata per una grigliatura indiretta a 180 ° C. Le patate vengono grigliate per circa 30 minuti con il coperchio chiuso. Per

servire, vengono cosparsi di erbe fresche (ad es. Basilico) e serviti - delizioso!

27. Mostarda di mango

ingredienti

- ½ mango
- 1 cucchiaio di zucchero di canna di canna
- succo di mela
- Paprika in polvere (calda, se lo si desidera)
- Pepe macinato

Preparazione

1.   Per prima cosa il mango viene sbucciato, separato dal nocciolo e tagliato a cubetti. Friggere i cubetti in una casseruola per qualche minuto finché i pezzi non diventano morbidi. Quindi cospargere di zucchero e lasciarlo caramellare mescolando. Rimuovere i cubetti con il succo di mela e far

bollire leggermente il liquido fino a formare una salsa densa. Assaggia il chutney con la paprika in polvere e il pepe.

28. Ravanelli hardcore

ingredienti

- 1 mazzo di ravanelli (circa 20 pezzi)
- 150 ml di aceto balsamico (qui: balsamo di sambuco)
- 100 ml di acqua
- ½ cucchiaio di sale
- 1 cucchiaio di zucchero
- 1 cucchiaio di semi di senape
- 1 cucchiaio di pepe in grani

Preparazione

1.   I ravanelli vengono lavati e le estremità rimosse. Gli ingredienti per la miscela vengono

mescolati insieme e fatti bollire in una casseruola.

2.   Quindi i ravanelli vengono distribuiti nei bicchieri e versati con il brodo bollente. I vasetti vengono chiusi con un anello di gomma e poi fatti bollire a 120 ° C in una teglia riempita d'acqua per 30 minuti. I ravanelli dovrebbero ora immergersi per almeno due settimane prima di aprire il barattolo. Sono ideali come condimento per hamburger, insalate o semplicemente per spuntini.

29. Chimichurri

ingredienti

- 1 mazzetto di prezzemolo
- 2 spicchi d'aglio
- 1 cipolla rossa piccola
- buon olio d'oliva (qui: olio al limone e rosmarino)
- 1 peperoncino o peperoni
- Pepe
- sale
- 1 cucchiaino di origano essiccato
- 1 cucchiaino di timo, essiccato

Preparazione

1.   il prezzemolo, gli spicchi d'aglio, il peperoncino e la cipolla sono tritati finemente. Nel mortaio tutti gli ingredienti vengono trasformati in una pasta con l'aggiunta di olio d'oliva. Viene versata una quantità sufficiente di olio d'oliva per ottenere una pasta cremosa. La salsa può essere consumata subito, oppure può essere lasciata in infusione fino a 24 ore. Chimichurri si sposa perfettamente con la sua succosa bistecca, ma può essere servito anche con tanti altri piatti.

30. Patatine fritte di carote

ingredienti

- 500 g di carote
- 3 cucchiai di olio d'oliva
- 2 cucchiai di sfregamento a scelta
- 2 cucchiai di parmigiano, finemente grattugiato
- erba cipollina

Preparazione

1. Le carote vengono lavate, non sbucciate! Quindi tagliarli a strisce in modo che abbiano all'incirca le dimensioni di patatine fritte "normali". Le carote vengono amalgamate bene con olio d'oliva, lo strofinaccio e il

parmigiano e poi stese su un recipiente ignifugo rivestito di carta da forno.

Grigliare

2.   La griglia è preparata per una grigliatura indiretta a 180 ° C. Le patatine di carote vengono ora "cotte" per 30 minuti. Le patatine fritte finite sono decorate con erba cipollina e un po 'di ketchup! Se vuoi, puoi anche creare un leggero fumo nella griglia, in modo che le patatine abbiano ancora una leggera nota affumicata.

CAPITOLO QUATTRO
Maiale

31. Tritare il gambo

ingredienti

- Cotoletta di maiale
- Pepe
- sale
- Rametti freschi di rosmarino

Preparazione

1.   La carne viene tolta dal frigorifero circa un'ora prima della cottura alla griglia. Tagliare lo strato di grasso con un coltello affilato. La

braciola viene condita su entrambi i lati con un po 'di sale e pepe.

Grigliare

2.   La griglia è predisposta per grigliare diretta e indiretta a ca. 140 ° C. La braciola viene inizialmente posta sul lato indiretto, e sulla carne vengono posti alcuni rametti di rosmarino fresco. Con i pezzi di whisky, la carne viene ora leggermente affumicata fino a raggiungere una temperatura interna di ca. 60 ° C. Poi la cotoletta viene grigliata brevemente su entrambi i lati sul fuoco diretto, anche lo strato di grasso viene grigliato brevemente. La carne viene tagliata a pezzi e può essere servita.

32. Sandwich di maialino da latte

Ingredienti per

- maialino da latte (precotto),
- pane,
- lattuga di agnello,
- cipolle,
- cetrioli,
- pomodori,
- Salsa barbecue

Preparazione

1.   Il maialino da latte congelato viene scongelato lentamente in frigorifero il giorno prima della cottura alla griglia. La lattuga di agnello, il cetriolo ed i pomodori vengono lavati

e preparati per la farcitura del panino. La cipolla viene tagliata a rondelle.

Grigliare

1.   Il grill (o il forno) viene prima riscaldato a 120 ° C di calore indiretto. La carne viene posta su una pirofila piena d'acqua con un inserto in modo che il grasso goccioli nell'acqua. La carne viene fritta in questo modo per circa 60 minuti. Per dare alla crosta una finitura perfetta, la temperatura viene aumentata a ca. 200 ° C dopo 60 minuti. Ora è importante ottenere abbastanza calore superiore per la crosta. Se necessario, puoi anche mettere la carne con la crosta abbassata direttamente sul fuoco. Dopo circa 15 minuti la crosta dovrebbe essere pronta. Ma qui, per favore, agisci secondo i tuoi sentimenti in modo che la crosta non bruci - sarebbe un peccato! Le fette di pane vengono tostate brevemente su entrambi i lati a fuoco diretto.

33. Maialino da latte con insalata di spaghetti

ingredienti

- maialino da latte (precotto)

Per l'insalata di spaghetti:

- 500 g di spaghetti
- 8 cucchiai di salsa di soia
- 8 cucchiai di olio d'oliva
- 4 cucchiai di zucchero
- 4 cucchiai di curry in polvere
- 4 cucchiai di aceto
- 1 mazzetto di cipolline
- facoltativo: peperoni rossi o peperoncini

Preparazione

2.   Il maialino da latte congelato viene scongelato lentamente in frigorifero il giorno prima della cottura alla griglia.

3.   Per l'insalata di spaghetti cuocere prima gli spaghetti come al solito. La salsa è composta da salsa di soia, olio d'oliva, zucchero, curry in polvere e aceto. I cipollotti vengono lavati e tagliati a rondelle. Se vuoi, puoi anche prendere peperoni rossi o peperoncini e tagliarli a pezzetti. Quando gli spaghetti sono pronti, vengono sciacquati con acqua fredda e mescolati con i cipollotti, i peperoni / peperoncini e la salsa. Nel migliore dei casi lasciate riposare l'insalata di spaghetti per almeno un'ora.

Grigliare

1.   Il grill (o il forno) viene prima riscaldato a 120 ° C di calore indiretto. La carne viene posta su una pirofila piena d'acqua con un inserto in modo che il grasso goccioli nell'acqua. La carne viene fritta in questo modo per circa 60 minuti. Per dare alla

crosta una finitura perfetta, la temperatura viene aumentata a ca. 200 ° C dopo 60 minuti. Ora è importante ottenere abbastanza calore superiore per la crosta. Se necessario, puoi anche mettere la carne con la crosta abbassata direttamente sul fuoco. Dopo circa 15 minuti la crosta dovrebbe essere pronta. Ma qui, per favore, agisci secondo i tuoi sentimenti in modo che la crosta non bruci - sarebbe un peccato!

34. Secreto dal fumo di whisky

ingredienti

- Secreto (circa 400-500 g)
- poco olio d'oliva
- sale

Per il gelato al whisky:

- 2 cucchiai di whisky
- 1 cucchiaio di miele
- ½ cucchiaino di succo di limone

Preparazione

1.   La carne viene tolta dal frigorifero mezz'ora prima della griglia, leggermente strofinata con olio e salata su entrambi i lati. Gli ingredienti per la salsa vengono mescolati insieme.

Grigliare

2.   Il grill / affumicatore è predisposto per grigliare diretta e indiretta. Per prima cosa, il Secreto viene grigliato direttamente su entrambi i lati e scottato. Qui è possibile utilizzare anche una padella, una zona sfrigolante o una griglia superiore. Quando la carne ha una bella crosta (il tempo dipende dalla griglia e dalla temperatura), va alla griglia / affumicatore per cuocere a 140 ° C. Un termometro per grill può essere utilizzato qui per tenere d'occhio la temperatura al cuore. Puntiamo a una temperatura di 62 ° C. Prima che il coperchio della griglia / affumicatore sia chiuso, passiamo la carne su entrambi i lati con il gelato al miele e whisky. Quindi la carne viene cotta delicatamente nel fumo del whisky. Appena raggiunto il KT desiderato, togliere la carne dalla griglia e lasciarla riposare per due minuti. Il Secreto viene tagliato a pezzi e servito.

35. Guance di maiale dal fumatore

ingredienti

- 0,5 kg di guance di maiale (4 pezzi)
- Salsa barbecue a tua scelta
- 300-500 ml di vino rosso

Preparazione

1.   Le guance di maiale vengono condite con uno sfregamento a scelta e poi marinate per 12 - 24 ore.

Grigliare

2.   L'affumicatore / grill viene preparato per una grigliatura indiretta a 100 ° C. Nella prima fase, le guance di maiale vengono affumicate

delicatamente per 3 ore. Per la seconda fase, la temperatura del grill viene aumentata a 140 ° C. La carne viene posta in un'apposita ciotola, nella quale si versa il vino rosso per la cottura a vapore. Metti un po 'di salsa barbecue sulle guance e poi chiudi il contenitore. Le guance di maiale vengono cotte al vapore per 2 ore. Nell'ultima fase la carne viene tolta dal guscio e grigliata a 100 ° C. Si può strofinare 1 - 2 volte con la miscela di vino rosso e salsa. Dopo un totale di 6 ore, le guance di maiale dell'affumicatore sono pronte: incredibilmente tenere e succose!

36. Cremagliera francese iberica a base di fumo di noce americano

ingredienti

- Cremagliera francese iberica

Preparazione

1. La carne viene condita con lo sfregamento 24 ore prima di essere grigliata e poi posta in frigorifero (sottovuoto o coperta). Un'ora prima di grigliare, mettere fuori la carne in modo che raggiunga la temperatura ambiente. Affinché le ossa non si scuriscano mentre si fuma, possono essere coperte con un foglio di alluminio.

Grigliare

2. L'affumicatore / grill è impostato a 100 - 110 ° C, perfetto per "bassa e lenta". Quando la temperatura è raggiunta, metti le spalle alla griglia, inserisci il termometro della griglia nella carne e chiudi il coperchio. La carne viene ora affumicata delicatamente fino a raggiungere la temperatura interna di 62 °

C.Dopo un periodo di riposo di 5 minuti, la carne viene tagliata a fette tra le ossa ...

37. Filetto di maiale su insalata messicana

ingredienti

- 1 filetto di maiale, ca. 500 gr
- 1 confezione di prosciutto a dadini (250 g)
- 1 cipolla rossa
- 1 peperone rosso
- 1 peperone verde
- 1 peperone giallo
- 1 lattina di fagioli borlotti (250 g)
- 1 barattolo di fagioli bianchi (250 g)
- 1 lattina di mais (300 g)
- prezzemolo 2 cucchiai di
- olio d'oliva (per friggere)

Per la salsa:

- 2 cucchiai di olio d'oliva
- 2 cucchiai di aceto balsamico bianco
- 2 cucchiai di succo di mela
- Sale pepe

Preparazione

1.   Il filetto di maiale viene lavato e asciugato tamponando e strofinato con uno sfregamento a scelta. Sottovuoto o avvolto in pellicola trasparente, viene poi conservato in frigorifero per circa 12 ore in modo che lo sfregamento possa essere assorbito.

2.   Per l'insalata, i peperoni e le cipolle vengono tagliati a cubetti. Quindi scaldate l'olio in una padella e vi fate soffriggere brevemente il prosciutto tagliato a dadini. Questo è seguito dalle cipolle, che vengono fritte fino a quando non diventano traslucide. Quindi seguono la paprika, i fagioli e il mais a dadini . Quando i peperoni sono teneri, togli la padella dal fuoco. Per il condimento dell'insalata, mescolare olio d'oliva, aceto e succo di mela e

condire con sale e pepe. L'insalata viene mescolata alla salsa e cosparsa di prezzemolo in foglia poco prima di servire.

Grigliare

1. La griglia è impostata a ca. 160-180 ° C per grigliate dirette e indirette

2. . Il filetto di maiale viene prima grigliato brevemente su tutti i lati a fuoco diretto. Quindi si mette la carne nella zona indiretta e si porta ad una temperatura interna di ca. 60 ° C per un nucleo rosa. Durante la cottura, il filetto di maiale viene leggermente affumicato, il legno d'ulivo è stato utilizzato per una nota mediterranea.

3. La carne viene tagliata a fette e servita sull'insalata messicana. Anche l'insalata ha un ottimo sapore caldo!

38. Tritare con le cipolle al whisky

ingredienti

- 1 braciola di maiale (ca.500 g)
- sale pepe

Per le cipolle al whisky:

- 5 cucchiai di olio d'oliva
- 250 g di cipolle rosse
- 25 g di zucchero di canna di canna
- 25 ml di aceto balsamico
- 25 ml di whisky
- sale pepe

Preparazione

1.   Per le cipolle al whisky, dimezzare le cipolle e tagliarle a strisce / semianelli. Si fanno

soffriggere in una padella con olio d'oliva fino a quando non sono morbide. Le cipolle sono cosparse di zucchero di canna. Lasciate caramellare mescolando. Quindi seguono i restanti ingredienti (aceto balsamico, whisky, sale, pepe). Quindi lasciate cuocere a fuoco lento fino a quando il liquido non sarà quasi bollito, mescolando ancora e ancora.

2.   La braciola di maiale viene tolta dal frigorifero mezz'ora prima della griglia e leggermente salata su entrambi i lati. La scorza viene rimossa.

Grigliare

1.   Il grill è regolato a ca. 120 ° C per grigliare indirettamente. La braciola di maiale viene grigliata indirettamente fino a una temperatura interna di 50 ° C. La bistecca viene grigliata su entrambi i lati con calore diretto di ca. 250 ° C. Il cuore dovrebbe ora essere intorno ai 56 - 58 ° C, che è il grado di cottura perfetto per la carne. La carne tagliata a fettine viene

servita con le cipolle al whisky, eventualmente anche salate e pepate.

39. Presa nel letto di fieno

ingredienti

- Presa (circa 400 g)
- mare sale, grossolanamente
- pepe fermentato, facoltativo: pepe, macinato al momento

Preparazione

1.   Togliere la carne dal frigorifero circa 30 minuti prima di grigliarla e condire con sale grosso su entrambi i lati.

Grigliare

2.   Mentre il grill viene impostato su una temperatura di 110 - 120 ° C, la ciotola del fieno viene riempita con fieno alle erbe. La presa è ora posta nel fieno e collegata a un termometro per barbecue. Quindi chiudi il coperchio della griglia. La bistecca viene grigliata lentamente e delicatamente all'indietro in modo che ottenga più aroma possibile dal fieno. Ciò significa che viene prima spillato indirettamente fino a poco prima del grado di cottura desiderato e poi grigliato direttamente su entrambi i lati in modo da conferire alla carne un aroma di arrosto.

3.   La   presa   viene   ora   grigliata indirettamente nel piatto di fieno fino a una temperatura interna di 57 ° C. A ca. 35 ° C si capovolge il pezzo di carne in modo che anche l'altro lato assorba l'aroma delle erbe. Quando si raggiungono i 57 ° C si grigliano entrambi i lati direttamente su entrambi i lati per due minuti a fuoco vivo, in modo da ottenere una bella crosticina. La carne dovrebbe ora avere

una temperatura interna di circa 60 ° C, ancora succosa e un cuore rosa chiaro.

4.   La carne viene tagliata a fettine e cosparsa di un po 'di sale e pepe - la presa dalla scatola di fieno è pronta: succosa, gustosa e una nota piccante grazie alle erbe!

40. Involtini di maiale alla greca

ingredienti

- 1 collo di maiale / spalla di maiale ca. 2,5 - 3 kg
- Gyros Rub
- Formaggio feta
- Tsatsiki
- Peperoni
- Olive
- Cipolle

Per la pastella wrap (per 8 wraps)

- 400 g di farina
- 200 ml di acqua tiepida
- 8 cucchiai di olio

- 2 cucchiaini di sale

Preparazione

1.   Il pezzo di carne (sia spalla che collo) sta massaggiando ca. 12-24 ore prima di grigliare. Per il maiale stirato greco, uso "Smoking Zeus" di Ankerkraut, un gyros rub. In alternativa, puoi ovviamente usare uno sfregamento giroscopico automiscelato. Dopo lo sfregamento, la carne viene avvolta nella pellicola e posta in frigorifero. La carne viene tolta dal frigorifero circa 1 ora prima della cottura alla griglia.

Grigliare

2.   Il grill / affumicatore è impostato a 100-120 ° C per grigliare e affumicare indirettamente. Una volta raggiunta la temperatura target e affumicate le bricchette, la carne viene posta sulla griglia e collegata al termometro per carne. La ciotola dell'acqua è piena d'acqua. La carne viene affumicata con legno di noce americano per le prime due ore. Quando lo fai, continui ad aggiungere

legno in modo che la carne abbia una sottile nota affumicata. La carne non viene asciugata e può essere preparata senza stress e senza grande controllo a 100 - 120 ° C. Il maiale stirato è pronto quando la temperatura al cuore è di 90 ° C.

3.	Per gli involtini, la farina viene mescolata con olio e sale e impastata. Continui ad aggiungere acqua tiepida per fare una bella pastella. Dopo aver impastato, l'impasto dovrà riposare per circa 30 minuti, fino a quando non sarà diviso in 8 porzioni uguali. Questi vengono arrotolati e fritti su entrambi i lati in una padella.

4.	Gli involtini rimangono succosi e rotolano molto bene se li avvolgi in un foglio di alluminio dopo la frittura. Ciò significa che possono essere preparati 1-2 ore prima del completamento del PP . Se vuoi, puoi mettere gli involtini sulla griglia per 5-10 minuti (ancora avvolti nella carta stagnola) in modo che siano caldi quando servi.

5.   Dopo aver raggiunto la temperatura al cuore di 90 ° C, la carne viene fatta a pezzi, preferibilmente davanti agli ospiti, ovviamente. Gli involtini sono ripieni di maiale stirato, più una cucchiaiata di tzatziki, un po 'di formaggio feta, peperoni, cipolla e olive per - e finiti sono gli involtini di maiale tirato alla greca.

CAPITOLO CINQUE
Burger

41. Hamburger di Culatello

Ingredienti (per due hamburger)

- WeRo-Buns
- 400 g di carne macinata
- un po 'di parmigiano, grattugiato
- razzo
- radiccio
- cipolla rossa, affettata
- pomodoro, a fette

- Salsa barbecue
- 6-8 fette di Culatello Riserva (es. Rieser Culatello Riserva)

Preparazione

1.   La carne macinata viene condita con sale e pepe e mescolata bene. Questo viene poi utilizzato per formare polpette da 200 g ciascuna. Il modo migliore per farlo è con una pressa per hamburger.

Grigliare

1.   Le polpette vengono grigliate su entrambi i lati a fuoco diretto (circa 200 - 230 ° C) per 3 - 4 minuti fino a quando non hanno raggiunto il grado di cottura desiderato. Dopo aver girato, un lato viene infornato con il parmigiano grattugiato.

2.   Quindi condire l'hamburger: nella metà inferiore del panino mettere rucola e radiccio, sopra il tortino grigliato, le fette di pomodoro, qualche fetta di cipolla rossa e salsa

BBQ. Seguono 3-4 fette di culatello. Metti il coperchio e l'hamburger è pronto!

42. Hamburger italiano

Ingredienti (per due hamburger)

- 300 g di carne macinata (150 g per hamburger)
- 1 pomodoro, tagliato a fette spesse 3-4 mm
- 2 panini per hamburger
- pesto di rucola e basilico

Preparazione

1. Per prima cosa condisci la carne macinata con sale / pepe e mescola bene. Il trito viene quindi utilizzato per formare polpette da 150 grammi, che è meglio fare con una pressa per hamburger.

Grigliare

2.   La griglia viene preparata per la cottura diretta a 200-230 ° C. Le polpette di hamburger vengono prima grigliate per 4-5 minuti su un lato, quindi vengono girate e grigliate di nuovo per 4-5 minuti. Anche i pomodori vengono grigliati brevemente a fuoco diretto. Qui le polpette e i pomodori sono stati grigliati su una plancha, che dà alle polpette una bella crosta.

3.   Il panino per hamburger viene aperto e la parte inferiore viene prima ricoperta con i pomodori grigliati. Mettere sopra il tortino grigliato e preparare 1 - 2 cucchiai di pesto sulla guarnizione. Il pesto si sposa bene con i pomodori grigliati e la carne succosa: un hamburger non ha bisogno di più!

43. Hamburger per la colazione

Ingredienti (per due hamburger)

- 300 g di carne macinata di manzo
- sale pepe
- 6 fette di pancetta
- 1 pomodoro
- 2 uova
- 2 fette di formaggio (ad es. Cheddar)
- funghi a
- poco olio per friggere
- razzo
- 2 panini per hamburger
- Salsa barbecue (ad esempio botte 51 bourbon affumicato)

Preparazione

1. Per prima cosa condisci la carne macinata con sale e pepe e mescola bene. Il trito viene quindi utilizzato per formare polpette da 150 grammi, che è meglio fare con una pressa per hamburger. Il pomodoro viene tagliato a fette spesse 4-5 mm, i funghi a fette spesse 2-3 mm.

Grigliare

2. La griglia è preparata per grigliare diretta e indiretta a 200 - 230 ° C. I pomodori vengono grigliati su entrambi i lati per 2 minuti a fuoco diretto. La pancetta viene fritta fino a quando non è dorata. Si scalda l'olio in una padella e si friggono i funghi. Quando i funghi sono ben fritti e morbidi, metteteli in una pirofila e metteteli sul lato indiretto della griglia. L'uovo fritto è ora fritto in padella.

3. Le polpette di hamburger vengono prima grigliate su un lato per 3-4 minuti, quindi vengono girate. Il formaggio viene ora posto sul lato già grigliato in modo che possa scorrere

bene. Dopo altri 3-4 minuti, le polpette di hamburger sono pronte.

4.   La metà inferiore del panino viene prima spalmata sottilmente con salsa barbecue, quindi condita con rucola e pomodori grigliati. Sopra si adagia il tortino gratinato al formaggio. Seguono la pancetta, i funghi fritti e, ultimo ma non meno importante, l'uovo al tegamino. L'hamburger della colazione è pronto!

44. Hamburger di marmellata di pancetta e peperoncino

Ingredienti (per due hamburger)

- 300 g di carne macinata
- sale pepe
- formaggio (ad es. cheddar)
- insalata
- razzo
- marmellata di pancetta al peperoncino
- panini per hamburger

Per la salsa cocktail

- 3 cucchiai di maionese
- 1 cucchiaio di concentrato di pomodoro
- 1 cucchiaio di salsa barbecue

- 1 goccio di aceto balsamico
- 1 pizzico di sale, pepe e zucchero

Preparazione

1.   Per prima cosa condisci la carne macinata con sale e pepe e mescola bene. Il trito viene quindi utilizzato per formare polpette da 150 grammi, che è meglio fare con una pressa per hamburger.

Grigliare

2.   La griglia è preparata per la cottura diretta a 200-230 ° C. Le polpette di hamburger vengono prima grigliate per 4-5 minuti su un lato, quindi vengono girate. Il formaggio viene ora posto sul lato già grigliato in modo che possa scorrere bene. Dopo altri 4-5 minuti, le polpette di hamburger sono pronte.

3.   La parte inferiore del panino viene ricoperta con la salsa cocktail. L'insalata e la rucola vengono adagiate sopra. Segue il tortino di formaggio gratinato, sopra il quale spalmate la marmellata di pancetta al peperoncino . Il

coperchio è chiuso: l'hamburger con marmellata di peperoncino è pronto!

45. Hamburger dell'Oktoberfest

Ingredienti (per due hamburger)
- 300 g di carne macinata di manzo
- Sale pepe
- Cipolla
- insalata
- I pezzi di pretzel di Snyder
- Ravanelli 2 rotoli di pretzel

Per l'Obazda
- 100 g di Camembert (45% di grassi in)
- 2 cucchiai di burro
- ½ cipolla tritata finemente
- ½ cucchiaino di semi di cumino tritati
- sale pepe
- paprika in polvere
- 1 cucchiaino di birra

Preparazione

1.   Per prima cosa condisci la carne macinata con sale e pepe e mescola bene. Il trito viene quindi utilizzato per formare polpette da 150 grammi, che è meglio fare con una pressa per hamburger.

2.   Per l'Obazda, schiacciare prima il camembert con una forchetta e mescolarlo con il burro fino a quando non diventa una massa leggermente friabile. Questa massa viene mescolata con la cipolla tritata, i semi di cumino, il sale, il pepe, la paprika in polvere e la birra. L'obazda si conserva al freddo fino al consumo.

Grigliare

1.   La griglia è preparata per la grigliatura diretta a 200-230 ° C. Le polpette di hamburger vengono prima grigliate per 4-5 minuti su un lato, quindi vengono girate. Ora ricopri il lato grigliato con 1 cucchiaio di obazda in modo che coli sulle polpette. Dopo altri 4-5 minuti, le polpette di hamburger sono pronte.

2.   Quindi si copre il rotolo di pretzel: per prima cosa si spalma un po 'di obazda sul rotolo inferiore e si ricopre di insalata. Quindi mettete il tortino sul rotolo, seguito dalle fette di ravanello tagliate finemente e dagli anelli di cipolla. Il tutto è sormontato dai pezzi di pretzel: metti il coperchio e l'hamburger dell'Oktoberfest è pronto!

46. Hamburger di Salsiccia

Ingredienti (per 1 hamburger)

- Salsiccia fresca (circa 1 ½ per hamburger)
- Camembert di capra alle erbe
- 1-2 cucchiaini di mirtilli rossi
- chorizo Jam
- Cipolle al vino rosso
- Hamburger Buns
- Salsa barbecue
- 1 bicchierino di whisky (per flambé)

Preparazione

1. Per prima cosa rimuovi la salsiccia dall'intestino. Per fare questo, taglia l'intestino nel senso della lunghezza con un coltello e lo sfili. La carne della salsiccia viene nuovamente impastata correttamente e quindi formata in polpette. Il modo migliore per farlo è con una pressa per hamburger.

Grigliare

2. La griglia è in fase di preparazione per il calore diretto. Gli hamburger vengono grigliati per circa 3 minuti su entrambi i lati. Dopo aver girato l'hamburger, viene flambé con mezzo bicchiere di whisky.

3. Una volta che le fiamme si sono spente, l'hamburger viene posto nella zona indiretta, ricoperto di mirtilli rossi e camembert e cotto per altri 2-3 minuti.

4. Nel frattempo, il panino hamburger viene riscaldato nel forno o griglia e rivestito su un lato con il chorizo marmellata. Poi arriva il tortino con i mirtilli rossi e il camembert. Infine, aggiungi alcune cipolle al vino rosso e un po 'di salsa barbecue sull'hamburger.

47. Doppio hamburger di manzo

ingredienti

- 600 g di carne macinata (per due hamburger)
- 8 fette di formaggio cheddar (o altro formaggio piccante)
- 1 pomodoro
- 6 fette di pancetta
- cipolle
- insalata
- razzo
- sale pepe
- panini per hamburger (possibilmente toast o pane per porzione intermedia)
- salsa di chipotle

Preparazione

1.　Per prima cosa condisci la carne macinata con sale / pepe e mescola bene. Il trito viene quindi utilizzato per formare 150 g di polpette. Il modo migliore per farlo è con una pressa per hamburger. Anche la salsa chipotle viene preparata in anticipo.

Grigliare

2.　La griglia è preparata per una grigliatura diretta a 200-230 ° C. Le polpette di hamburger vengono prima grigliate su un lato per 3-4 minuti, quindi vengono girate. Il formaggio viene ora posto sul lato già grigliato in modo che possa scorrere bene. Nel frattempo grigliate il panino intermedio su entrambi i lati in modo che sia bello e croccante, così come la pancetta. Dopo altri 3-4 minuti, le polpette di hamburger sono pronte.

3.　Quindi si ricopre l'hamburger: la parte inferiore del panino viene prima ricoperta con la salsa chipotle e il primo panino viene piantato sopra. Questo è condito con 2 fette di pomodoro e un po 'di insalata verde. Ora arriva la parte intermedia, con essa prendi mezzo panino (o anche toast o pane è possibile). Questo viene poi ricoperto con la salsa chipotle. Mettete sopra la seconda tortina, poi la pancetta, qualche cipolla e un po 'di rucola. La metà superiore del panino è ricoperta di salsa e il doppio hamburger di manzo è pronto: carne succosa e speziata, pancetta croccante e salsa piccante!

48. Hamburger di primavera alla Sauerland BBCrew

ingredienti

- 600 g di carne macinata (per due hamburger)
- 8 fette di formaggio cheddar (o altro formaggio piccante)
- 1 pomodoro
- 6 fette di pancetta
- cipolle
- insalata
- razzo
- sale pepe
- panini per hamburger (possibilmente toast o pane per porzione intermedia)
- salsa di chipotle

Preparazione

1.　Per prima cosa condisci la carne macinata con sale / pepe e mescola bene. Il trito viene quindi utilizzato per formare 150 g di polpette. Il modo migliore per farlo è con una pressa per hamburger. Anche la salsa chipotle viene preparata in anticipo.

Grigliare

2.　La griglia è preparata per la cottura diretta a 200-230 ° C. Le polpette di hamburger vengono prima grigliate su un lato per 3-4 minuti, quindi vengono girate. Il formaggio viene ora posto sul lato già grigliato in modo che possa scorrere bene. Nel frattempo grigliate il panino intermedio su entrambi i lati in modo che sia bello e croccante, così come la pancetta. Dopo altri 3-4 minuti, le polpette di hamburger sono pronte.

3.　Quindi si ricopre l'hamburger: la parte inferiore del panino viene prima ricoperta con la salsa chipotle e il primo panino viene piantato sopra. Questo è condito con 2 fette di pomodoro e un po 'di insalata verde. Ora arriva la parte intermedia, con essa prendi mezzo panino (o anche toast o pane è possibile). Questo viene poi ricoperto con la salsa chipotle. Mettete sopra la seconda tortina, poi la pancetta, qualche cipolla e un po 'di rucola. La metà superiore del panino è ricoperta di salsa e il doppio hamburger di manzo è pronto: carne succosa e speziata, pancetta croccante e salsa piccante!

49. Hamburger greco

ingredienti

- 150 g di carne macinata
- Formaggio feta
- Cipolla (rossa)
- Peperoni
- Olive
- 1 cucchiaio di Gyros Rub
- Sirtaki
- Hamburger Buns
- Tsatsiki

Preparazione

1. Per prima cosa mescola la carne macinata con il gyros rub (1 cucchiaio per tortino). Il trito viene impastato bene in modo

che la spezia sia distribuita uniformemente. Questo viene quindi utilizzato per formare polpette da 150 grammi, che è meglio fare con una pressa per hamburger.

Grigliare

2. La griglia è preparata per la cottura diretta a 200 - 230 ° C. Le polpette di hamburger vengono prima grigliate per 4-5 minuti su un lato, quindi vengono girate. Dopo altri 4-5 minuti, le polpette di hamburger sono pronte. Quindi il panino viene guarnito: prima spargi lo tsatsiki sulla metà inferiore del panino e condiscilo con l'insalata. Quindi mettete sopra la tortina, ricopritela di nuovo con lo tzatziki e completate l'hamburger con qualche cubetto di feta, peperoni, cipolle e olive - l'hamburger greco è pronto!

50. Cheeseburger al peperoncino

Ingredienti (per 2 hamburger)

- 300 g di carne macinata
- sale pepe
- salsa di formaggio piccante
- 4 fette di pomodoro
- cipolle
- insalata
- 4 strisce di pancetta
- Salsa barbecue (ad esempio salsa barbecue occidentale del Texas)
- panini per hamburger

Preparazione

1. Per prima cosa condisci la carne macinata con sale e pepe e mescola bene. Il trito

viene quindi utilizzato per formare polpette da 150 grammi, che è meglio fare con una pressa per hamburger. Quindi mescolare la salsa di formaggio al peperoncino secondo la ricetta.

Grigliare

1.	La griglia è preparata per la cottura diretta a 200-230 ° C. Le polpette di hamburger vengono prima grigliate per 4-5 minuti su un lato, quindi vengono girate. Dopo altri 4-5 minuti, le polpette di hamburger sono pronte. Mentre la carne cuoce, la pancetta viene grigliata fino a renderla croccante.

2.	Ora l'hamburger è sormontato: per prima cosa spargi un po 'di salsa di formaggio piccante sul panino inferiore per hamburger e aggiungi un po' di salsa barbecue - spalmalo bene. Mettere sopra la foglia di lattuga e il tortino. Le cipolle e 2 fette di pomodoro vengono adagiate sul tortino e condite con la salsa di formaggio al peperoncino. Infine, mettete sopra due strisce di bacaon croccante e il coperchio. La carne è super succosa, si sposa bene con la salsa di formaggio piccante e il panino fatto in casa completa l'esperienza di gusto!

CONCLUSIONE

Ogni volta che si barbecue, è necessario prendere una decisione importante sul tipo di legna da affumicare da utilizzare. Manzo, maiale, pollame e frutti di mare hanno tutti sapori diversi a seconda del legno. È anche vero che alcuni legni sono associati e completano determinati tipi di carne.

Molti dei migliori esperti di barbecue tacciono quando si tratta di rivelare i loro esatti segreti perché grigliare o fumare con la legna da barbecue è una parte così importante del loro repertorio. Tutto, dal tipo di legno che usano alle loro ricette di salsa a come condiscono la carne prima della grigliatura, può diventare un'arma top secret nella loro ricerca per rimanere in cima al mondo del barbecue.

Lightning Source UK Ltd.
Milton Keynes UK
UKHW051053010421
381364UK00001B/41